글 | 전민희
글 읽기와 글쓰기를 좋아해서 국어국문학을 공부했습니다.
방송국과 출판사에서 작가로 일했으며, 지금은 어린이들과 함께 생각하고
공부하는 마음으로 어린이 책을 쓰고 있습니다.
쓴 책으로는 〈과학의 원리를 사고파는 과학 상점〉, 〈타타르 아저씨의 날씨 탐험〉,
〈에너지 도둑 다뽈라〉, 〈우리말 첫발〉 등이 있습니다.

그림 | 우연이
대학에서 조소를 공부하고, 지금은 일러스트레이터로 활동하고 있습니다.
그림 그리는 것이 행복한 작가입니다. 아이들에게 선물하는 마음으로 그림을 그립니다.
그린 책으로는 〈내일은 리더〉, 〈김용택 선생님이 챙겨 주신 책가방 동시집〉,
〈아이작의 파닉스 사전〉, 〈그래서 이런 말이 생겼대요〉 등이 있습니다.

누리 세계문화 04 태국 무아이타이 고수를 찾아라

글 전민희 | 그림 우연이 | 펴낸이 김의진 | 기획편집총괄 박서영 | 편집 정재은 이영민 김한상 | 글 다듬기 박미향 | 디자인 수박나무
제작·영업 도서출판 누리 | 펴낸곳 Yisubook | 주소 경기도 고양시 일산동구 일산로67, 3층 | 고객상담실 080-890-7000
잘못된 책은 바꾸어 드립니다. 이 책에 실린 글이나 그림을 무단으로 복사, 복제, 배포하는 것을 금합니다.
△1. 사람을 향해 던지거나 떨어뜨리지 마십시오. 2. 고온 다습한 장소나 직사광선이 닿는 장소에는 보관하지 마십시오.

무아이타이
고수를 찾아라

글 전민희 그림 우연이

차오프라야 강가는 아침마다 사람들로 북적북적해요.
과일과 채소를 실은 배들이 오가고,
사람들은 스님들에게 줄 아침밥을 들고 나오지요.
까이와 쑤는 아침마다 무아이타이를 연습해요.
틈만 나면 발차기와 지르기를 연습하지요.
까이와 쑤의 꿈은 무아이타이 고수가 되는 거랍니다.

한 스님이 공양을 받고 가다가 우연히 강 건너편을 보았어요.
그런데 글쎄, 한 아기가 엉금엉금 난간 쪽으로 기어가지 않겠어요?
"어이쿠, 큰일이군!"
스님은 배들을 징검다리 삼아 쏜살같이 물을 건넜어요.
그리고 아기를 낚아채듯 안아 올렸답니다.

스님은 아기를 엄마 품에 안겨 주었지요.
"방 안에서 자는 줄 알았는데 어느새…."
아기 엄마는 스님에게 몇 번이고 인사했어요.
"보통 스님이 아니야. 동작이 번개처럼 빨랐어. 무술의 고수야."
"맞아. 무아이타이 고수가 틀림없어."
"저 스님 같은 스승이 있다면 얼마나 좋을까?"
쑤가 중얼거리자 까이는 쑤의 어깨를 쳤지요.
"저 스님을 따라가서 제자로 받아 달라고 부탁하자."
두 소년은 가슴이 콩닥콩닥 뛰었답니다.

"어디 가셨지?"
사방을 둘러보았지만 스님이 보이지 않았어요.
"저기야. 스님이 저기 계셔!"
쑤가 수상 버스를 가리켰어요.
눈 깜짝할 새 스님은 수상 버스에 올라타 있었답니다.
"얼른 따라가자."
까이와 쑤도 수상 버스를 타고 뒤쫓았어요.

스님은 수상 버스에서 내려 *새벽 사원 쪽으로 걸었어요.
소년들은 부지런히 달려 가까스로 스님을 따라잡았지요.
"스님, 스님! 저희에게
무아이타이를 가르쳐 주세요."
"어허, 나는 아무나 가르치지 않는다!"
소년들은 막무가내로 스님을 졸랐어요.

그러자 스님은 문제를 하나 냈답니다.
"내 말대로 하면 너희들을 제자로 삼겠다.
이 나라를 호령하면서 파타야
절벽 사원으로 찾아오너라."
"네? 무슨 말씀이신지…."
소년들은 스님 말씀이
알쏭달쏭하기만 했어요.

"이 나라를 어떻게 호령하지?"
까이와 쑤는 고민에 빠졌어요.
"나라를 다스리는 사람은 왕이잖아.
왕궁에 가면 답을 얻을 수 있을지도 몰라."
까이 말에 쑤도 맞장구쳤어요.

둘은 왕궁을 찾아가 구석구석 둘러보았어요.
"와, 정말 멋지고 화려한 곳이야."
"그런데 우리가 어떻게 나라를 호령하지?"
안타깝게도 까이와 쑤는 답을
구할 수 없었어요.

"아, 이 근처에 *왓 포라는 절이 있어.
왓 포를 찾아가면 답을 얻을 수 있을지 몰라."
이번에는 까이가 쑤의 말을 따랐어요.
왓 포에 있는 부처님은 어마어마하게 컸어요.
신기하게도 누워 있는 모습이었지요.
많은 사람이 부처님을 향해 두 손을 모으고 있었어요.
"부처님, 어떻게 하면 나라를 호령할 수 있을까요?"
하지만 까이와 쑤는 답을 얻을 수 없었어요.

까이와 쑤는 거리로 나섰어요.
"스님한테 꼭 무아이타이를 배우고 싶은데…."
소년들이 시무룩해져서 타박타박 걷고 있을 때였어요.
"이것 좀 봐!"
까이가 관광객이 떨어뜨린 지도를 가리켰어요.
"어? 코끼리를 닮았어!"

"아하, 바로 이거야!
우리 나라가 코끼리 모양이잖아."
까이가 눈을 반짝이면서 말했어요.
"코끼리가 열쇠였어!"
쑤도 무릎을 쳤지요.
"코끼리를 타고 이 나라를 호령하면서 스님을 만나러 가자."
"좋아. 얼른 파타야에 있는 절벽 사원으로 가자."
까이와 쑤는 신이 나서 말했답니다.

까이와 쑤는 코끼리를 빌려 타고 파타야 절벽 사원으로 향했어요.
"코끼리야, 가자!"
소년들이 코끼리를 호령하게 된 거지요.
스님은 미소를 지으면서 둘을 맞아 주었답니다.

"오, 문제를 풀었구나. 장하다!
약속대로 무아이타이를 가르쳐 주마!"
"스님, 감사합니다."
소년들은 뛸 듯이 기뻤어요.

"너희들, 여기까지 오느라 땀을 뻘뻘 흘렸구나.
우선 바다에 가서 시원한 바람을 쐬자."
스님은 까이와 쑤를 바다로 데려갔어요.
"우와, 정말 신나는 날이야!"
소년들은 첨벙첨벙 신나게 물장구를 쳤지요.
새콤달콤한 망고스틴과 두리안도 먹었답니다.

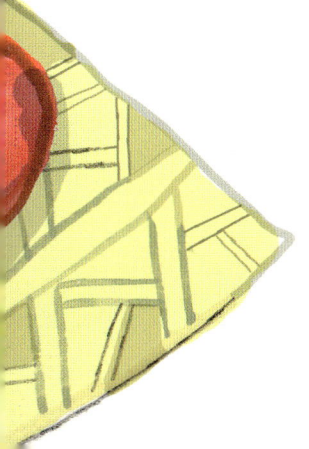

어느새 해가 넘어가고 하늘이 알록달록해졌어요.
스님은 바닷가에서 무아이타이 시범을 보였어요.
'정말 멋있다!
나도 열심히 연습해서 스님처럼 고수가 될 거야.'
까이와 쑤의 눈은 반짝반짝 빛났지요.
"자, 한번 따라 해 보아라."
아이들은 스님 몸짓을 보면서 차근차근 따라 했어요.
마치 꿈을 꾸는 기분이었답니다.

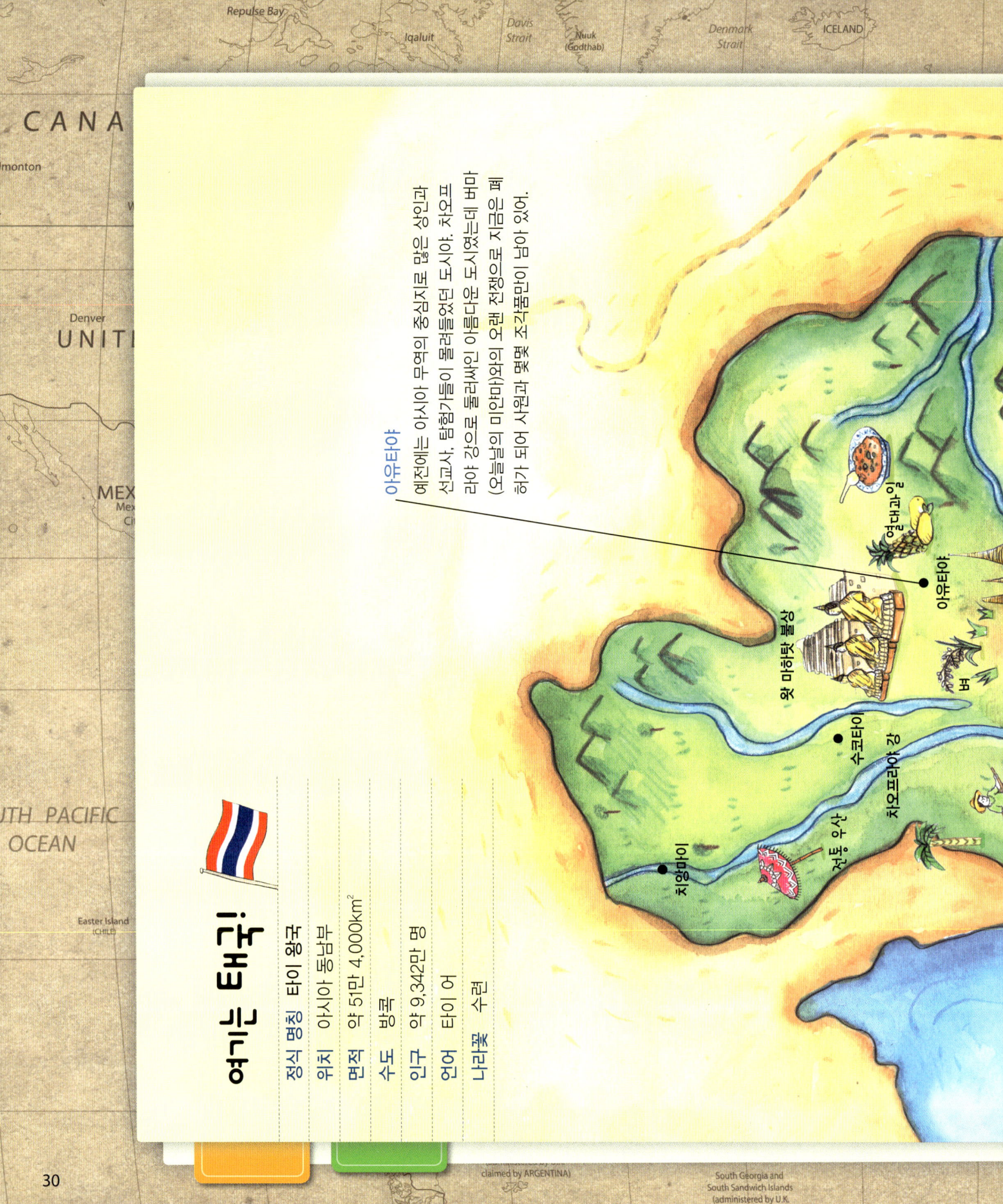

아유타야

예전에는 아시아 무역의 중심지로 많은 상인과 선교사, 탐험가들이 몰려들었던 도시야. 차오프라야 강으로 둘러싸인 아름다운 도시였는데 버마(오늘날의 미얀마)와의 오랜 전쟁으로 지금은 폐허가 되어 사원과 몇몇 조각품만이 남아 있어.

여기는 태국!

정식 명칭	타이 왕국
위치	아시아 동남부
면적	약 51만 4,000km²
수도	방콕
인구	약 9,342만 명
언어	타이 어
나라꽃	수련

불교의 나라, 태국

태국 곳곳에서 불탑과 사원을 볼 수 있어. 사원은 학교와 병원, 마을 회관 등의 역할을 해. 태국 사람 대부분이 불교를 믿고 불교의 가르침에 따라 살아가거든. 태국은 언제부터 불교를 받아들였고, 어떻게 불교문화를 꽃피웠는지 알아보자.

불교를 나라의 종교로 삼은_아유타야 왕국

수도 방콕에서 북쪽으로 올라가면 아유타야라는 유적지가 있어. 1438년부터 400년간 태국을 다스린 아유타야 왕국의 수도였던 곳이야. 아유타야 왕국은 여러 나라와 무역을 하며 나라의 힘을 키웠고, 불교를 나라의 종교로 삼으며 화려한 문화를 꽃피웠지. 아유타야에는 1,000개가 넘는 사원이 있어.

왕궁 안에 있는 절_왓 프라깨오

수도 방콕에 있는 왓 프라깨오는 태국 왕실 사원이야. 승려가 아니라 왕이 직접 관리하지. 태국의 국보인 에메랄드 불상이 있어서 '에메랄드 사원'이라고 불러. 매년 3, 7, 11월이 되면 왕이 불상의 옷을 갈아입힌다고 해. 방콕에는 에메랄드 사원 외에도 왓 아룬, 왓 포 등 유명한 사원이 많아.

승려에게 주는 음식_탁발 공양

이른 아침, 거리에 나가면 음식을 들고 줄지어 있는 사람들을 볼 수 있어. 승려에게 음식을 주려는 거야. 이를 탁발 공양이라고 해. 사람들은 탁발 공양을 하는 것으로 덕이 쌓인다고 믿고, 매일 아침 정성스레 음식을 준비하지.

이런 게 궁금해요!

까이와 쑤가 열심히 연습하는 무아이타이는 어떤 운동일까? 스님을 만나기로 한 절벽 사원은 어떤 곳일까? 유명한 태국 음식은 뭘까? 태국에 대해 궁금한 것들을 알아보자.

황금 불상은 왜 만들었어?

파타야 근처에 있는 카오치잔이라는 돌산에 금으로 그려진 거대한 부처가 있어. 푸미폰 국왕이 왕위에 오른 지 50년이 된 것을 기념해 국왕이 더 오래 살기를 빌면서 만들었어. 산을 깎아 불상을 만들고 금을 입힌 거야. 높이가 130미터나 되지. 태국 사람들은 이곳을 찾아와 기도를 한대.

무아이타이는 뭐야?

옛 조상들이 익힌 무예를 스포츠로 발전시킨 거야. 권투와 비슷한데, 손뿐만 아니라 발, 무릎, 팔꿈치로 상대를 공격할 수 있다는 점이 달라. 전쟁터에서 맨손으로 적과 싸울 수 있도록 만들어진 무예라고 해.

똠얌꿍은 어떤 음식이야?

똠얌꿍은 새우, 고추, 팍치를 넣고 끓인 탕이야. 태국의 대표적인 음식이지. 팍치는 향이 나는 풀인데, 태국의 거의 모든 음식에 들어가. 태국은 더운 나라여서 음식에 향신료를 넣어 음식이 상하는 것을 막는 거야. 태국 음식은 세계 3대 요리로 꼽힐 정도로 유명해.

설날에 지나가는 사람에게 물을 뿌린다고?

매년 4월 13일부터 15일까지 사흘 동안은 태국의 설날이야. '송끄란'이라고 하지. 이 기간에 사람들은 서로에게 물을 뿌려. 나쁜 기운을 모두 씻어 내리고 새로 시작되는 한 해의 건강과 복을 기원해 주는 거야. 새와 물고기를 풀어 주기도 해.

태국 사람들은 노란색을 좋아해?

노란색은 국왕의 상징이야. 태국 사람들은 국왕을 존경하고 사랑해. 그래서 국왕을 상징하는 노란색 옷을 즐겨 입고, 거리나 집 여기저기 국왕의 사진을 걸어 두고 늘 국왕을 위해 기도를 올리지. 푸미폰 아둔야뎃 국왕의 모습을 곳곳에서 볼 수 있어.

일러두기
1. 맞춤법, 띄어쓰기는 국립국어원에서 펴낸 〈표준국어대사전〉을 기준으로 삼았습니다.
2. 외국 인명, 지명은 국립국어원의 〈외래어 표기 용례집〉을 따랐습니다.

사진제공
토픽이미지, 유로크레온, 연합뉴스, Gettyimages, Imagekorea, 몽골문화촌

재미있는 누리 세계문화

아시아	
01	중국 | 황제를 만난 타오
02	일본 | 요코의 화과자
03	베트남 | 할아버지는 어디 계실까?
04	태국 | 무아이타이 고수를 찾아라
05	필리핀 | 차코의 소원
06	인도네시아 | 엄마와 함께 바롱 댄스를
07	몽골 | 게르에서 살까?
08	네팔 | 정말 예티일까?
09	인도 | 하누만, 소원을 들어주세요
10	사우디아라비아 | 지금은 라마단
11	터키 | 할아버지의 마법 양탄자

유럽	
12	영국 | 앨리스와 스펜서 백작
13	프랑스 | 소원을 들어주는 빵
14	네덜란드 | 여왕님의 생일 선물
15	독일 | 우리는 동화 마을 방위대
16	스위스 | 납치된 가족은 누구?
17	이탈리아 | 가방이 바뀌었어
18	그리스 | 주문을 외워 봐
19	에스파냐 | 엉뚱 할아버지의 집은 어디?
20	스웨덴 | 삐삐와 바이킹 소년
21	덴마크 | 레고랜드로 간 삼촌
22	러시아 | 나타샤의 꿈
23	체코 | 슈퍼맨 마리오네트
24	루마니아 | 도둑을 잡으러 간 소린

아메리카	
25	미국 | 플루토 스팟을 찾아가요
26	캐나다 | 퍼레이드가 좋아
27	멕시코 | 사라진 태양의 왕국
28	쿠바 | 말랭이 영감 다리 나았네
29	브라질 | 삼촌의 선물
30	페루 | 고마워요, 대장 콘도르
31	칠레 | 펭귄을 데려다 주자

아프리카	
32	이집트 | 파라오의 마음이 궁금해
33	나이지리아 | 힘차게 달려라, 나이지리아
34	케냐 | 마타타의 신나는 사파리 여행
35	남아프리카 공화국 | 루시와 마누는 친구

오세아니아	
36	오스트레일리아 | 오페라 하우스를 그려 봐
37	뉴질랜드 | 하우, 너라면 할 수 있어
38	투발루 | 간장 아가씨, 바닷물을 조심해요

주제권	
39	화폐 | 돈조아 임금님의 퀴즈
40	다문화 | 달라도 괜찮아
41	옷 | 외계인 빠송 옷 구경 왔네
42	신발 | 클로그를 신을까, 바부슈를 신을까?
43	음식 | 황금 포크는 내 거야
44	스포츠 | 똥아 덕아 운동 좀 하자
45	괴물 | 유치원에 괴물이 나타났어요

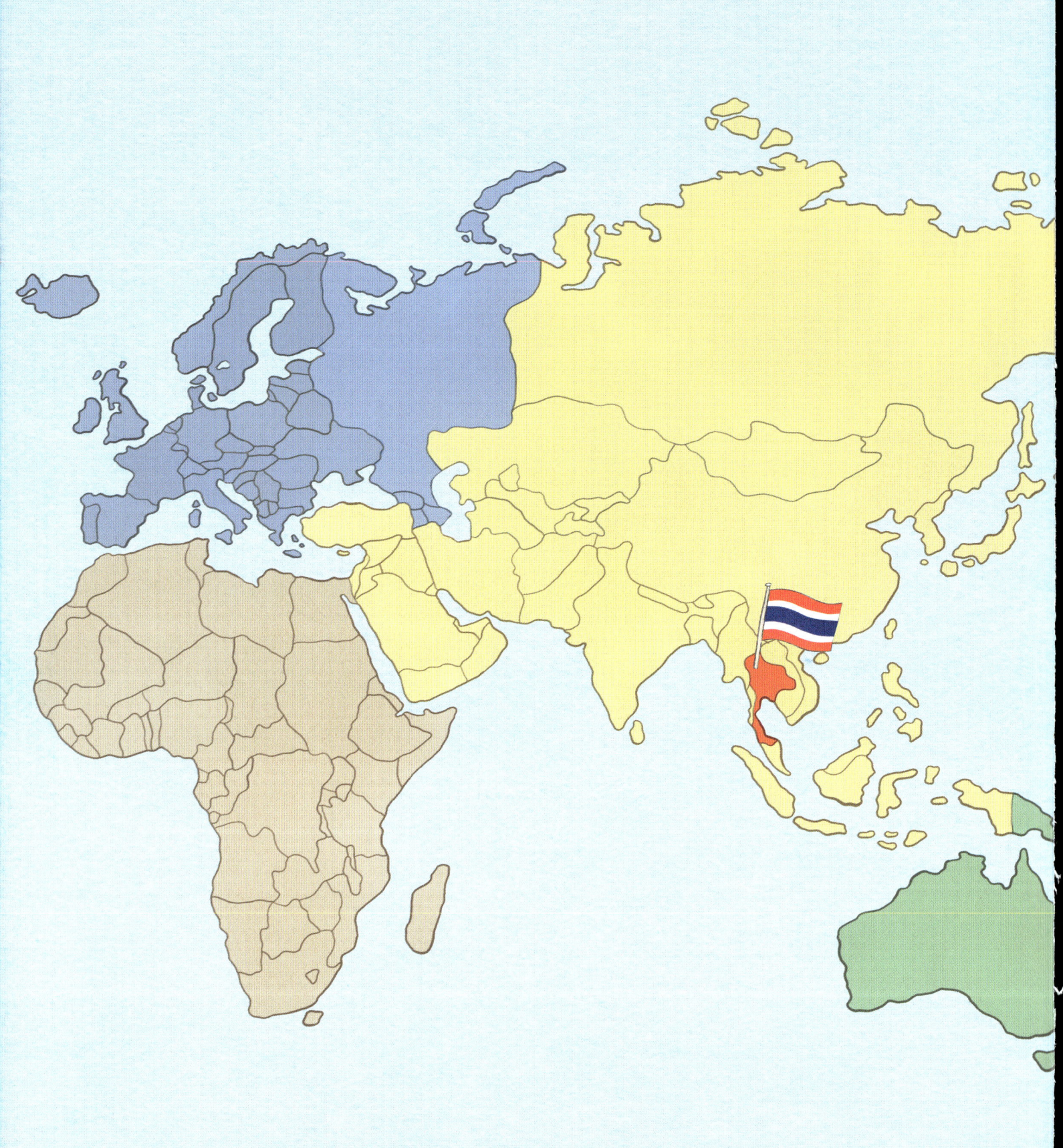